않는다. 무엇이든 혼자 하려면

어렵다.

※ 甘감 井정 先선 竭갈

뜻 물맛이 좋은 우물은 빨리 마른

다는 뜻으로, 재능이 있는 사람은

많이 쓰여 일찍 쇠퇴한다는 말.

※ 強강 近근 之지 親친

뜻 도와줄 만한 가까운 친척.

❀ 甘감 言언 利이 說설

뜻 남의 비위에 맞도록 꾸민

달콤한 말과 이로운 조건을

내세워 꾀는 말.

❀ 孤고 注주 一일 擲척

뜻 노름꾼이 노름에서 계속 돈을

잃을 때 마지막 남은 돈으로 모험

을 한다. 어떤 일에 대해 전력을

다해 모험하는 것을 뜻함.

※ 鼓고 腹복 擊격 壤양

뜻 손으로 배를 두드리고 발로

땅을 구르다. 백성들이 풍족하게

생활하며 태평세월을 누리는 것.

※ 孤고 城성 落낙 日일

뜻 고립되어 외로이 서 있는 성에

해마저 서산으로 기울다. 쓸쓸한

심정이나 삭막한 풍경을 비유함.

❀ 甘감 呑탄 苦고 吐토

(뜻) 달면 삼키고 쓰면 뱉는다.

❀ 刻각 骨골 痛통 恨한

(뜻) 뼈에 사무쳐 마음속 깊이 맺힌

원한.

❀ 各각 自자 爲위 政정

(뜻) 제각기 자기 생각대로만

일한다. 전체적인 조화를 고려하

지 않고 자기 마음대로 하면 일을

성사시키기 어렵다는 말.

※ 刻각 骨골 難난 忘망

(뜻) 은혜를 마음속에 깊이 새김.

※ 角각 者자 無무 齒치

(뜻) 뿔이 있는 짐승은 이가 없다.

한 사람이 여러 가지 복이나

재주를 다 가질 수 없다는 말.

❋ **刻**각 **舟**주 **求**구 **劍**검

뜻 배에 표시해놓고 칼을 찾다.

시대나 상황이 변했는데도 낡고

보수적인 사고방식을 고집하는

사람을 비유하는 말.

유래 초(楚)나라 사람이 강을 건너

다가 칼이 물속으로 떨어졌다.

그는 급히 뱃전에 칼자국을 내어

표시하면서 말했다. "여기가 내

칼이 떨어진 곳이다." 그리고는

배가 닿자 칼자국이 있는 뱃전 밑

물속으로 뛰어들어 칼을 찾았다.

배는 움직였고 칼은 움직이지

않았는데, 이처럼 칼을 찾으니

어찌 의아하지 않겠는가.

❋ 乾건 坤곤 一일 擲척

뜻 하늘과 땅을 던지다. 승패와

흥망을 걸고 마지막으로 결행

하는 단판 승부를 비유한 말.

❋ 刻각 苦고 勉면 勵려

뜻 몹시 애쓰고 힘씀.

❋ 艱간 難난 辛신 苦고

뜻 갖은 고초를 겪어 몹시 힘들어

24

하고 괴로워함.

❀ 肝간 膽담 相상 照조

뜻 서로 간과 쓸개를 보일 정도로

속마음을 털어놓고 가깝게 지냄.

❀ 竿간 頭두 之지 勢세

뜻 대막대기 끝에 선 형체. 몹시

위태로운 상황을 이르는 말.

❀ 渴갈 而이 穿천 井정

뜻 목이 말라야 비로소 샘을 판다.

미리 준비하지 않고 있다가 일이

닥친 뒤에 서두르는 것.

❋ 竭갈 澤택 而이 漁어

뜻 연못을 다 말리고 고기를 잡다.

눈앞의 이익에 급급해 먼 장래를

생각하지 않는 것을 비유하는 말.

❋ 空공 山산 明명 月월

사람 없는 산에 외로이 비치는

달. 황진이의 시조에서 나오는 글.

"청산리 벽계수야 / 수이감을

자랑마라 / 일도 창해하면 / 다시

오기 어려우니 / 명월(明月)이

만공산(滿空山) 하니 / 쉬어 간들

어떠리."

✻ 康강 衢구 煙연 月월

 뜻 번화한 큰 거리에 저녁밥 짓는

연기가 달빛을 향해 피어오른다.

태평한 시대의 평화로운 풍경.

❀ 江강 湖호 煙연 波파

뜻 강과 호수의 물안개와 파도,

즉 아름다운 자연을 말한다.

❀ 剛강 木목 水수 生생

뜻 마른나무에서 물을 짜낸다.

❀ 去거 頭두 截절 尾미

뜻 머리와 꼬리를 자른다. 원인과

결과를 빼고 요점만 말함.

❀ 居거 安안 思사 危위

뜻 편안하게 살고 있을 때 위태

로움을 생각하다. 편안할 때 그

편안함에 안주하지 말고, 나중에

있을지도 모르는 위험에 대비하라.

❋ 傾경 國국 之지 色색

뜻 한 나라의 형세를 기울어지게

할 만한 뛰어난 아름다운 미인.

❋ 驚경 天천 動동 地지

뜻 하늘을 놀라게 하고 땅을

뒤흔든다. 세상을 몹시 놀라게 함.

❋ 鏡경 花화 水수 月월

뜻 거울에 비친 꽃과 물에 비친 달.

눈에는 보이나 손으로는 잡을 수

없음.

✽ 傾경 危위 之지 士사

（뜻） 궤변으로 사람을 현혹하여

나라를 어지럽히고 위태롭게

하는 자.

✽ 困곤 獸수 猶유 鬪투

（뜻） 곤경에 빠진 짐승이 더욱 발악

하고 싸운다. 사람이 궁지에

몰리면 최후의 발악을 한다는 뜻.

※ 瓜과 田전 李이 下하

뜻 외밭에서는 신을 고쳐 신지말고,

오얏나무 아래에서는 갓을 고쳐

쓰지말라. 불필요한 행동을 하여

다른 사람에게 오해를 받지 말라.

※ 口구 尙상 乳유 臭취

뜻 입에서 아직 젖내가 난다.

상대를 어린애로 얕잡아 보는 것.

❋ 九구 曲곡 肝간 腸장

뜻 굽이굽이 서린 창자. 깊고 깊은

마음속을 뜻함.

❋ 口구 蜜밀 腹복 劍검

뜻 입에는 꿀이 있고 뱃속에는

칼을 품고 있다. 겉으로는 친한

척하나 돌아서서 헐뜯음.

❀ 九구 牛우 一일 毛모

㉠ 아홉 마리 소 가운데 한 개의 털.

아주 많은 것 가운데 극히 적은

부분.

❀ 口구 禍화 之지 門문

㉠ 화는 입으로부터 생기므로

말을 삼가야 함.

✽ 窮궁 餘여 之지 策책

뜻 매우 궁한 나머지 내는 꾀.

✽ 權권 謀모 術술 數수

뜻 목적의 달성을 위하여 수단과

방법을 가리지 않는 온갖 술책.

✽ 勸권 善선 懲징 惡악

뜻 착한 일을 권장하고 악한 일을

징계함.

❋ 貴귀 耳이 賤천 目목

뜻 귀로 듣는 것은 소중하게

여기고 눈으로 보는 것은 천하게

여긴다.

❋ 開개 門문 揖읍 盜도

뜻 문을 열어 도둑을 맞이한다.

상황을 깨닫지 못하고 스스로

화를 불러들임.

※ 鷄계 卵란 有유 骨골

뜻 계란에 뼈가 있다. 운이 나쁜

사람은 모처럼의 좋은 기회가

와도 일이 뜻대로 되지 않음을

비유함.

※ 近근 墨묵 者자 黑흑

뜻 먹을 가까이하면 검어진다.

나쁜사람을 가까이하면 나쁜

버릇에 물들게 됨을 이르는 말.

✿ 金금 蘭란 之지 契계

뜻 친구 사이의 매우 두터운 정.

✿ 今금 昔석 之지 感감

뜻 지금과 옛날을 비교하여 생각

할 때 그 차이가 큰 것을 보고 느낌.

✿ 錦금 上상 添첨 花화

뜻 비단 위에 꽃을 더한다. 좋은

일 위에 더 좋은 일이 더해짐.

※ 錦금 衣의 夜야 行행

뜻 비단옷을 입고 밤에 다닌다.

아무 보람이 없는 행동을 비유함.

※ 金금 枝지 玉옥 葉엽

뜻 금으로 된 가지와 옥으로 된

잎. 아주 귀한 자손을 이르는 말.

※ 金금 烏오 玉옥 兎토

뜻 해와 달을 아울러 이르는 말.

✽ 金금 蘭란 之지 契계

뜻 다정한 친구 사이의 정의(情誼).

✽ 錦금 繡수 江강 山산

뜻 비단에 수를 놓은 듯 아름다운

산천. 우리나라 강산의 아름다움

을 이르는 말.

✽ 琴금 瑟슬 相상 和화

뜻 거문고와 비파가 서로 화음을

맞춘다. 거문고와 비파가 서로

화음을 맞추는 것처럼 부부 사이

가 정답고 화목한 것을 이르는 말.

✽ 錦금 衣의 玉옥 食식

뜻 비단옷과 흰쌀밥이라는 뜻으

로 사치스럽고 호강스러운

생활을 비유하는 말.

※ 老노 馬마 之지 智지

뜻 늙은 말의 지혜. 경험을 쌓은

사람이 갖춘 지혜라는 뜻.

※ 露노 積적 成성 海해

뜻 한 방울의 물이 모여 바다를

이룸.

※ 怒노 氣기 衝충 天천

뜻 성난 기운이 하늘을 찌른다.

화가 머리끝까지 나 있는 상태.

※ 路노 柳류 墻장 花화

뜻 누구든지 꺾을 수 있는, 길가의

버들과 담 밑의 꽃. 몸을 파는 여자.

※ 駑노 馬마 十십 駕가

뜻 노마도 준마의 하룻길을

열흘에 갈 수 있다. 재주가 없는

사람도 열심히 하면 훌륭한

사람이 될 수 있다는 것을 비유적

으로 이르는 말.

✽ 綠녹 楊양 芳방 草초

🔘뜻 푸른 버들과 향기로운 풀.

✽ 弄농 瓦와 之지 慶경

🔘뜻 딸을 낳은 기쁨.

✽ 弄농 璋장 之지 慶경

🔘뜻 아들을 낳은 기쁨.

❋ 訥눌 言언 敏민 行행

🔘뜻 말은 더듬거리며 느리게

하여도 행동은 능란하고 재빠름.

❋ 樂낙 善선 不불 倦권

🔘뜻 선(善)을 즐기는 사람은

권태로움이 있을 수 없다는 뜻

으로, 어진 성품을 비유하는 말.

❋ 樂낙 而이 不불 淫음

뜻 기품 있고 정숙한 여자.

✽ 洛낙 陽양 紙지 貴귀

뜻 낙양의 종잇값이 오른다. 글을

쓰거나 책을 펴냈는데 명성을

얻어 이름이 난다.

✽ 落낙 穽정 下하 石석

뜻 우물에 빠진 사람에게 돌을

던지다. 어려운 처지에 놓인

사람을 돕지는 않고 오히려 더

힘들게 함.

✽ 落낙 花화 流유 水수

뜻 지는 꽃과 흘러가는 물. 힘이

나 세력이 쇠퇴해가는 것을 뜻함.

樂낙 而이 不불 思사 蜀촉

뜻 타향의 생활이 즐거워 고향

생각을 하지 못함. 눈앞의 즐거움

에 겨워 근본을 잊게 될 때를 비유.

✽ 能능 忍인 自자 安안

㉦ 참을 줄 안다면 늘 편안하다.

✽ 能능 大대 能능 小소

㉦ 재주와 주변이 좋아 모든 일에

두루 능함.

✽ 能능 言언 鸚앵 鵡무

말을 할 줄 아는 앵무새. 말만

잘하고 실제 학문이 없는 사람.

※ 男남 負부 女여 戴대

남자는 짐을 지고 여자는 짐을

인다. 가난한 사람들이나 재난을

당한 사람들이 살 곳을 찾지

못하고 온갖 고생을 하며 이리

저리 떠돌아 다님.

49

❀ 南남 橘귤 北북 枳지

뜻 강남의 귤을 강북에 옮겨

심으면 탱자나무가 된다는 뜻.

사람은 사는 곳의 환경에 따라

착하게도 되고 악하게도 됨.

❀ 難난 兄형 難난 弟제

뜻 누구를 형이라 하기도 어렵고

아우라 하기도 어렵다. 서로 비슷

비슷하여 우열을 가리기 어려움.

※ 囊낭 中중 之지 錐추

뜻 주머니 속의 송곳. 능력과

재주가 뛰어난 사람은 주머니

속의 송곳이 튀어나오듯 스스로

두각을 나타내게 된다는 말이다.

※ 囊낭 中중 取취 物물

뜻 주머니 속에서 물건을 가져

오다. 주머니 속에 들어 있는

물건을 꺼내오는 것처럼 아주

손쉽게 얻을 수 있는 물건이나

쉽게 이룰 수 있는 일을 비유

해서 하는 말.

❀ 內내 柔유 外외 剛강

🉐 속으로는 소홀히 하고, 겉으로

는 친하게 지내는 척하는 것을

뜻함.

❋ 內내 助조 之지 功공

🔵뜻 내부에서 돕는 현명함. 아내가

집안을 잘 다스림으로써 남편을

돕는 것.

❋ 弄농 假가 成성 眞진

🔵뜻 장난삼아 한 것이 진심으로

한 것과 같이 됨을 이르는 말.

❀ 籠농 鳥조 戀연 雲운

뜻 새장 안의 새가 구름을 그리워 하

다. 속박에서 자유를 그리워하다.

❀ 勞노 心심 焦초 思사

뜻 마음을 수고롭게 하고 생각을

너무 깊게 함. 애쓰면서 속을 태움.

❀ 怒노 發발 大대 發발

뜻 몹시 크게 성을 냄.

❊ 累누 卵란 之지 危위

🔘뜻 '알을 쌓아 놓은 위기'라는 뜻.

금방 무너질 것같이 몹시 위태로

운 형세를 뜻한다.

❊ 綠녹 衣의 紅홍 裳상

🔘뜻 신부의 예복으로 주로 쓰이던

연두저고리와 다홍치마. 곱게

치장한 여자의 옷차림을 이르는

말이다.

※ 德덕 成성 禮예 供공

㉦ 덕이 높은 사람은 반드시

예의가 바르다.

※ 多다 岐기 亡망 羊양

㉦ 갈림길이 많아 찾는 양을 결국

잃고 말았다는 뜻. 학문의 길이

여러갈래여서 진리를 찾기가

어려운 것을 비유적으로 이르는 말.

✽ 多다 多다 益익 善선

뜻 많을수록 더욱더 좋다는 말.

✽ 多다 情정 佛불 心심

뜻 다정다감하며 자비롭고 착한 마음.

✽ 多다 才재 多다 能능

뜻 재주가 많고 능력이 풍부함.

❀ 多다 聞문 博박 識식

뜻 견문이 넓고 학식이 많음.

❀ 多다 幸행 多다 福복

뜻 운수가 좋고 매우 행복하다.

❀ 大대 器기 晩만 成성

뜻 큰 그릇은 늦게 이루어진다.

큰 인물이 되기 위해서는 많은

노력과 시간이 필요하다는 뜻.

✽ 大대 志지 遠원 望망

큰 뜻을 품고 멀리 바라본다.

✽ 大대 書서 特특 筆필

어떤 일을 특별히 두드러지게

나타내려고 큰 글자로 쓴다는 뜻.

신문 따위에서 어떤 사건에 관한

기사를 큰 비중을 두어 다루는 것.

✽ 大대 言언 壯장 語어

뜻 자기 주제에 맞지 않는 말을

잘난 체하며 지껄이다.

✽ 大대 慈자 大대 悲비

뜻 넓고 커서 끝이 없는 자비.

✽ 大대 同동 小소 異이

뜻 조금 다른 데도 있으나 전체적

으로는 거의 같음.

✽ 道도 聽청 塗도 說설

뜻 길에서 듣고 길에서 말함.

무슨 말을 듣고 그것을 깊이 생각

지 않고 다시 옮기는 경박한 태도

를 이르는 말. 혹은 아무런 근거도

없는 허황된 소문을 이르기도 한다.

❋ 道도 傍방 苦고 李리

뜻 길가의 쓴 오이. 많은 사람이

무시하는 것에는 반드시 그럴 만한

까닭이 있다는 뜻.

※ 塗도 炭탄 之지 苦고

뜻 진흙 구렁에 빠지고 숯불에

타는 고통. 학정으로 인해 백성들

이 심한 고통을 겪는 것을 비유함.

※ 豚돈 蹄제 一일 酒주

뜻 돼지 발굽과 술 한 잔. 작은

물건이나 정성으로 큰 것을 구하

려고 하는 것을 비유하는 말이다.

＊ 東동 問문 西서 答답

뜻 동쪽을 묻는데 서쪽을 대답

한다. 묻는 말에 대하여 아주

딴소리함.

＊ 同동 病병 相상 憐련

뜻 같은 병을 앓는 사람끼리 서로

불쌍히 여기다. 비슷한 처지에

처해 있거나, 비슷한 고통을 겪는

사람끼리 서로를 불쌍히 여기고,

서로 위해주는 것.

❀ 東동 作작 西서 收수

[뜻] 봄에 농사를 지어 가을에 거둠.

❀ 同동 床상 異이 夢몽

[뜻] 같은 처지에 있으면서도

목표가 저마다 다름을 일컫는 말.

❃ 同동 苦고 同동 樂락

뜻 괴로울 때나 즐거울 때나

함께함.

❃ 凍동 足족 放방 尿뇨

뜻 언 발에 오줌 누기라는 뜻.

잠시만 효력이 있을 뿐 곧 없어짐.

❃ 東동 奔분 西서 走주

뜻 동쪽으로 뛰고 서쪽으로 뛴다.

여기저기 사방으로 분주하게

돌아다님.

※ 單단 刀도 直직 入입

🔵뜻 요점이나 문제의 핵심을 말함.

※ 登등 高고 自자 卑비

🔵뜻 높은 곳에 오르기 위해서 낮은

곳에서부터 시작한다. 모든 일은

순서대로 하여야 함을 뜻함.

❋ 燈등 下하 不불 明명

뜻 등잔 밑이 어둡다는 뜻. 가까이

에서 일어난 일을 오히려 잘 모를

때를 비유적으로 이르는 말.

❋ 談담 笑소 自자 若약

뜻 걱정이 있거나 놀라운 일이

있어도 보통 때와 같이 웃고

떠들며 평소의 태도를 잃지

67

않음을 뜻함.

※ 堂당 狗구 風풍 月월

뜻 서당에서 기르는 개가 풍월을

읊는다. 그 분야에 대하여 경험

과 지식이 전혀 없는 사람이라도

오래 있으면 얼마간의 경험과

지식을 가짐을 이르는 말.

※ 螳당 螂랑 在재 後후

뜻 지금 당장의 이익만을 탐하여

그 뒤의 위험을 알지 못함을

비유. 사마귀가 매미를 잡으려고

그것에만 마음이 팔려 자신이

참새에게 잡아 먹힐 위험에 처해

있음을 알지 못하였다.

❀ 螳당 螂랑 拒거 轍철

뜻 사마귀가 앞발을 들고 수레를

멈추려 했다는 고사에서 유래한

말로 자기 분수도 모르고 무모

하게 덤빔.

❊ 獨독 不불 將장 軍군

🔘뜻 무슨 일이든지 제 생각대로

혼자 처리하는 사람을 뜻함.

❊ 讀독 書서 三삼 到도

🔘뜻 책을 읽을 때 눈으로 보고,

입으로 읽고, 마음으로 깨우침.

※ 獨독 也야 靑청 靑청

뜻 계절이나 기후에 상관없이

홀로 푸르고 푸르다. 곧은 절개.

※ 杜두 門문 不불 出출

뜻 외출을 전혀 하지 않고 집안

에만 틀어박혀 있음.

※ 得득 失실 相상 半반

뜻 이익과 손해가 서로 엇비슷함.

✿ 得득 意의 滿만 面면

뜻 일이 뜻대로 이루어져서 기쁜

표정이 얼굴에 가득하다.

✿ 得득 意의 之지 秋추

뜻 바라고 뜻한 바가 그대로

이루어져 통쾌한 때.

✿ 燈등 火화 可가 親친

서늘한 가을밤은 등불을

가까이하여 글 읽기에 좋다는 말.

❀ **馬**마 **脚**각 **露**노 **出**출

 말의 다리가 겉으로 드러난

다는 뜻으로, 숨기던 일이나

본성이 드러남.

❀ **無**무 **言**언 **實**실 **行**행

 말없이 규범이나 신념 따위를

실제의 행동으로 옮김.

❀ 無무 愧괴 於어 心심

(뜻) 마음에 부끄러움이 없음.

❀ 無무 處처 不부 當당

(뜻) 무슨 일이든지 감당 못 할

것이 없음.

❀ 無무 思사 無무 慮려

(뜻) 아무 생각이나 근심이 없음.

❀ 馬마 耳이 東동 風풍

뜻 말의 귀에 동풍이 불어도 말은

남의 말에 아랑곳하지 않는다는

뜻. 귀 기울이지 않고 그냥 지나쳐

흘려버림.

❀ 磨마 斧부 爲위 針침

뜻 아무리 이루기 힘든 일도 끊임

없는 노력과 끈기 있는 인내로

성공한다.

✽ 磨마 斧부 作작 針침

🔴뜻 도끼를 갈아서 바늘을 만든다.

어려운 일이라도 끊임없이 노력

하면 반드시 이룰 수 있음을

이르는 말.

✽ 麻마 中중 之지 蓬봉

🔴뜻 삼밭에 난 쑥이라는 뜻으로,

선량한 사람과 사귀면 그 영향을

받아 자연히 선량하게 된다는 말.

✽ 摩마 頂정 放방 踵종

ⓒ 정수리부터 닳아서 발꿈치까지

이른다. 자기를 돌보지 않고 남을

깊이 사랑함을 이르는 말.

✽ 萬만 古고 江강 山산

ⓒ 오랜 세월을 통하여 변함이

없는 산천.

❀ 萬만 壽수 無무 疆강

(뜻) 아무 병 없이 오래오래 삶.

❀ 晩만 時시 之지 歎탄

(뜻) 때늦은 한탄.

❀ 萬만 事사 休휴 矣의

(뜻) 모든 일이 헛수고로 돌아감.

❀ 滿만 身신 瘡창 痍이

> **뜻** 어떤 충격이나 실패 따위로

마음이 심히 상하여 모든 의욕을

잃은 상태를 비유적으로 이르는 말.

❀ 萬만 里리 滄창 波파

> **뜻** 끝없이 넓은 바다란 뜻.

❀ 晩만 秋추 佳가 景경

> **뜻** 늦가을의 아름다운 경치.

아름다운 풍경 또는 뒤늦게 큰

결실을 맺음.

✳ 滿만 山산 紅홍 葉엽

🏵뜻 단풍이 들어 온 산이 붉게

물들어 있음.

✳ 萬만 壑학 千천 峰봉

🏵뜻 첩첩이 겹친 골짜기와 봉우리.

✳ 莫막 逆역 之지 友우

거스름이 없는 벗. 허물없이

매우 가까운 친구를 말함.

❀ 莫막 無무 可가 奈내

한번 굳게 고집하면 도무지

융통성이 없음.

❀ 明명 鏡경 止지 水수

맑은 거울과 고요한 물처럼

잡념과 허욕이 없는 깨끗한 마음.

✽ 名명 存존 實실 無무

(뜻) 명목만 있을 뿐 실상은 없음.

✽ 明명 哲철 保보 身신

(뜻) 총명하고 사리에 밝아서 일을

잘 처리하여 일신을 잘 보전함.

✽ 命명 也야 福복 也야

(뜻) 잇달아 여러 번 생기는 행복.

※ 每매 事사 盡진 善선

뜻 모든 일은 착한 행실로 다하라.

刎문 頸경 之지 交교

뜻 생사를 함께하는 친한 사이.

※ 門문 前전 成성 市시

뜻 문 앞에 저자를 이룬다. 찾아

오는 사람이 많음을 이르는 말.

❋ 聞문 一일 知지 十십

뜻 하나를 들으면 열을 앎. 아주

총명함.

❋ 物물 望망 回회 德덕

뜻 남에게 베푼 은덕이면 갚아줄

것을 바라지 말라.

❋ 勿물 貪탐 榮영 名명

뜻 영화나 명예를 탐내지 말라.

※ 物물 外외 閒한 人인

뜻 현실적인 일에 관계하지 않고

한가롭게 지내는 사람.

※ 面면 從종 腹복 背배

뜻 겉으로는 복종하는 체하면서

마음속으로는 배반함.

※ 毛모 骨골 悚송 然연

뜻 털과 뼈까지 두려워서

옹송그린다는 뜻. 몹시 놀라고도

두려움.

✽ **木**목 **人**인 **石**석 **心**심

뜻 나무 인형에 돌 같은 마음.

감정이 전혀 없거나, 세상의 유혹

에 넘어가지 않는 사람을 뜻함.

✽ **夢**몽 **中**중 **相**상 **尋**심

뜻 몹시 그리워서 꿈에서까지

서로 찾는다. 매우 친밀함.

❀ 亡망 羊양 之지 歎탄

(뜻) 갈림길이 많아 찾는 양을 결국

잃고 말았다. 학문의 길이 여러

갈래여서 진리를 찾기가 어려움.

❀ 富부 貴귀 在재 天천

(뜻) 부귀는 하늘에 달렸으므로

사람의 힘으로는 어쩔 수 없다.

❀ 夫부 唱창 婦부 隨수

뜻 남편이 주장하고 아내가 이에

잘 따름. 부부 사이의 화합하는

도리를 비유적으로 이르는 말.

❀ 父부 子자 有유 親친

뜻 부모는 자식에게 인자하고

자녀는 부모에게 존경과 섬김을

다하라.

❀ 父부 傳전 子자 傳전

뜻 아버지가 자신의 태도나

성향을 아들에게 대대로 전함.

❀ 釜부 中주 生생 魚어

뜻 솥 안에 물고기가 생긴다는

뜻. 매우 가난하여 오랫동안 밥을

짓지 못함을 이르는 말.

❀ 浮부 雲운 之지 志지

뜻 뜬구름과 같은 일시적인

부귀공명.

※ 附부 和화 雷뇌 同동

뜻 자신의 뚜렷한 소신 없이 남이

하는 대로 따라감.

※ 百백 年년 偕해 老로

뜻 부부가 되어 평화롭게 살면서

늙음.

90

❋ 百백 年년 佳가 約약

🔵뜻 남녀가 결혼하여 평생을 함께

지낼 것을 다짐하는 아름다운

언약.

❋ 百백 年년 之지 客객

🔵뜻 한평생을 두고 늘 어렵게 예의를

갖추고 맞아야 하는 손님(=사위).

❋ 白백 面면 書서 生생

뜻 글만 읽고 세상에 대한 실제

경험은 없는 사람.

✽ 白백 日일 昇승 天천

뜻 도를 극진히 닦아서 제 육신을

가진 채 신선이 되어 하늘로 올라감.

✽ 百백 折절 不불 屈굴

뜻 백 번 꺾여도 굽히지 않는다.

모든 어려움을 극복해나간다는 뜻.

❈ 栢백 舟주 之지 操조

뜻 잣나무처럼 곧은 절개. 남편을

일찍 여윈 아내가 재혼하지 않고

절개를 지키는 것을 비유.

❈ 百백 花화 爛난 漫만

뜻 온갖 꽃이 활짝 피어 아름답게

흐드러짐.

❈ 百백 年년 河하 淸청

뜻 어떤 일이 아무리 오랜 시간이

흘러도 이루어지기 어려움.

❀ 拍박 掌장 大대 笑소

뜻 손뼉을 치며 크게 웃음.

❀ 半반 信신 半반 疑의

뜻 한편으로는 믿으면서도 다른

한편으로는 의심스러워함.

❀ 反반 哺포 之지 孝효

뜻 까마귀 새끼가 자라서 늙은

어미에게 먹이를 물어다 주는 효.

자식이 자라서 어버이의 은혜에

보답하는 효성을 이르는 말.

※ 斑반 衣의 之지 戲희

뜻 늙어서도 부모에게 효도를 다함.

※ 傍방 若약 無무 人인

뜻 곁에 사람이 없다. 마치 제

세상인 것처럼 거리낌 없이

함부로 말하거나 행동함.

❀ 背배 恩은 忘망 德덕

뜻 남에게 입은 은혜를 잊고

배반함.

❀ 背배 水수 之지 陣진

뜻 어떤 일을 성취하기 위하여

더는 물러설 수 없음.

※ 附부 和화 雷뇌 同동

뜻 자신의 뚜렷한 소신 없이 남이

하는 대로 따라감.

※ 覆복 車차 之지 戒계

뜻 앞의 수레가 넘어져 엎어지는

것을 보고 뒤의 수레는 미리 경계

한다. 앞사람의 실패를 거울삼아

뒷사람은 실패하지 말라는

훈계의 말.

✳ 不불 遠원 千천 里리

뜻 천 리를 멀다 하지 않고 왕래함.

✳ 福복 過과 禍화 生생

뜻 지나친 행복은 도리어 재앙의

원인이 된다.

✳ 粉분 骨골 碎쇄 身신

뜻 뼈를 빻고 몸을 부순다. 자기

몸을 돌보지 않고 지극한 정성

으로 있는 힘을 다함.

✳ **不**불 **可**가 **思**사 **議**의

🔘 심오하고 신기하여 사람의

생각으로는 헤아려 알 수가 없음.

✳ **不**불 **可**가 **抗**항 **力**력

🔘 사람의 힘으로는 저항할 수

없는 힘. 천재지변(天災地變).

※ 不불 毛모 之지 地지

뜻 아무 식물도 자라지 못하는

거칠고 메마른 땅.

※ 不불 問문 曲곡 直직

뜻 잘잘못을 따져 묻지 않음.

※ 不불 恥치 下하 問문

뜻 지위나 나이, 학식 따위가

자기보다 못한 사람에게 묻는

것을 부끄러워하지 않음.

❋ **不**불 **撤**철 **晝**주 **夜**야

뜻 조금도 쉴 사이 없이 일에 힘씀.

❋ **不**불 **偏**편 **不**부 **黨**당

뜻 어느 한쪽으로 치우치지 않아

아주 공평함.

❋ **朋**붕 **友**우 **有**유 **信**신

뜻 오륜의 하나로, 벗과 벗의

도리는 믿음에 있다.

※ 悲비 憤분 慷강 慨개

뜻 슬프고 분하여 의분이 복받침.

※ 死사 生생 有유 命명

뜻 사람의 살고 죽음은 다 천명

(天命)에 달려 있으므로 사람의

힘으로는 어찌할 수 없음.

※ 士사 氣기 衝충 天천

뜻 사기가 하늘을 찌를 듯이 높음.

❀ 四사 柱주 八팔 字자

뜻 우리 인간이 타고난 신수(信受).

❀ 四사 通통 八팔 達달

뜻 어떤 지역이나 길이 사방팔방

두루 통함.

❀ 事사 必필 歸귀 正정

뜻 모든 잘못은 반드시 바른길로

돌아옴.

※ **四**사 **面**면 **楚**초 **歌**가

뜻 아무에게도 도움이나 지지를

받을 수 없고 고립된 상태에 처함.

※ **四**사 **顧**고 **無**무 **親**친

뜻 사방을 둘러보아도 친척이

없다. 의지할 사람이 없이 외로움

을 뜻함.

※ 辭사 讓양 之지 心심

뜻 예의로써 남에게 양보할 줄

아는 마음. 예의 발단.

※ 先선 見견 之지 明명

뜻 앞일을 미리 보아서 판단하는

총명함.

※ 先선 公공 後후 私사

뜻 사사로운 일이나 이익보다

공사(公事)나 공익(公益)을

앞세워 이르는 말.

✤ 山산 高고 水수 長장

뜻 덕행이나 지조의 높고 깨끗함.

✤ 熟숙 慮려 斷단 行행

뜻 곰곰이 생각한 후에 마음속

으로 작정하고 실행함.

✤ 送송 舊구 迎영 新신

묵은해를 보내고 새해를 맞이함.

❀ 山산 溜류 穿천 石석

뜻 산에서 흐르는 물이 바위를

뚫는다. 물방울이라도 끊임없이

떨어지면 종래엔 돌에 구멍을

뚫듯이, 적은 노력(努力)이라도

끈기있게 계속하면 큰일을 이룰

수 있음.

❋ 山산 海해 珍진 味미

뜻 산과 바다에서 나는 물건으로

만든 맛 좋은 음식.

❋ 山산 戰전 水수 戰전

뜻 산에서 싸우고, 물에서 싸운다.

고생과 시련을 겪어 경험이 많음.

❋ 城성 狐호 社사 鼠서

뜻 성 안에 사는 여우와 사당에

사는 쥐. 왕의 곁에 있는 간신의

무리나 권력에 기대어 사는 무리.

❋ 三삼 顧고 草초 廬려

㉦ 초가집을 세 번 돌아보다. 유능

한 인재를 맞아들이기 위하여

참을성 있게 노력하는 것을 뜻함.

❋ 深심 思사 熟숙 考고

㉦ 깊이 잘 생각함.

✻ 三삼 人인 市시 虎호

뜻 거리에서 범이 나왔다고 여러

사람이 다 함께 말하면 거짓말

이라도 참말로 듣는다는 말로,

근거없는 말이라도 여러 사람이

말하면 곧이 듣는다는 말.

✻ 愼신 思사 篤독 行행

뜻 신중히 생각하고 충실히

행동함.

❋ 食식 少소 事사 煩번

(뜻) 먹는 것은 적고 일은 번거롭다.

몸을 돌보지 않고 바쁘게 일함.

❋ 想상 愛애 相상 助조

(뜻) 서로서로 도움.

❋ 相상 愛애 之지 道도

(뜻) 서로 사랑하는 도리.

❋ 相상 思사 不불 忘망

뜻 서로 그리워하여 잊지 못함.

❋ 上상 和화 下하 木목

뜻 위에서 사랑하고 아래에서

공경함으로써 화목해진다.

❋ 上상 善선 若약 水수

뜻 가장 좋은 것은 물과 같다.

몸을 낮추어 겸손하며 남에게

이로움을 주는 삶.

❋ 霜상 松송 常상 靑청

(뜻) 소나무는 추운 서리에서도 그

푸름을 잃지 않는다는 말로 위기

와 고난에도 굴하지 않는 모습.

❋ 喪상 家가 之지 狗구

(뜻) 상갓집 개(=주인 없는 개)란 뜻.

여위고 기운 없이 초라한 모습

으로 이곳저곳을 기웃거리며 얻어

먹을 것 만 찾아다니는 사람을

빈정거리는 말.

※ 塞새 翁옹 之지 馬마

뜻 화가 복이 되고, 복이 화가

되는 등 길흉화복의 변화가 잦음.

유래 변방 근처에 점을 잘 치는 한

사람이 살았다. 어느 날, 그의

말이 까닭도 없이 오랑캐의 땅으로

도망쳐 버렸다. 사람들이 모두

이를 위로 하자 노인이 말했다.

"이것이 무슨 복이 될는지 어찌

알겠소?" 몇 달이 지난 후, 말이

오랑캐의 준마를 데리고 돌아왔

다. 사람들이 이를 축하하였다.

그러자 노인이 말했다. "이것이

무슨 화가 될는지 어찌 알겠소?"

집에 좋은 말이 생기자 말타기를

좋아하던 노인의 아들이 말을

타고 달리다가 말에서 떨어져

다리가 부러졌다. 사람들이 모두

이를 위로했다. 노인이 말했다.

"이것이 복이 될는지 어찌 알겠

소?" 1년이 지난 후, 오랑캐들이

대거 요새에 쳐들어오자 장정들

이 활을 들고 싸움터에 나갔다.

변방 근처의 사람들은 열에

아홉이 죽었는데, 노인의 아들은

사고로 다리를 쓸 수 없게 된

까닭에 싸움터에 나가지 않았다.

✽ 心심 淸청 事사 達달

🈯 마음이 맑으면 모든 일이 잘됨.

117

❀ 深심 思사 高고 擧거

뜻 생각은 깊게 하고, 행동은

담대함.

❀ 洗세 心심 和화 親친

뜻 마음을 씻어내고 화목하게

지냄.

❀ 袖수 手수 傍방 觀관

뜻 팔짱을 끼고 보고만 있다는 뜻.

나서야 할 일에 간여하지 않고

그대로 내버려둠.

※ 守수 株주 待대 兎토

뜻 그루터기를 지키며 토끼를

기다린다. 고지식하고 융통성이

없어 구습과 전례만 고집하거나,

노력하지 않고 요행만을 기대함.

유래 중국 송나라의 한 농부가

나무 그루터기에 달려와 부딪쳐

죽은 토끼를 우연히 잡았다.

후일에 또 그와 같이 토끼를

잡을 것을 기대하여 일도 하지

않고 나무 그루터기만 지키던

모습을 따온 말이다.

❀ 誰수 怨원 誰수 咎구

뜻 남을 원망하거나 책망할 것이

없음.

❀ 首수 丘구 初초 心심

🔵뜻 머리를 구릉을 향해 두는 마음.

여우는 죽을 때 여우굴이 있던

구릉을 향해 머리를 둔다. 자신의

근본을 잊지 않거나 혹은 죽어서

라도 고향 땅에 묻히고 싶어

하는 마음.

❀ 羞수 惡오 之지 心심

뜻 옳지 못함을 부끄러워하고,

착하지 못한 상태를 미워함.

❀ 壽수 福복 康강 寧녕

뜻 오래 살고 복되며 건강하고

편안함.

水수 滴적 穿천 石석

뜻 물방울이 돌을 뚫는다.

❋ 手수 不불 釋석 卷권

뜻 쉬지 아니하고 책을 읽음.

❋ 漱수 石석 枕침 流류

뜻 돌로 양치질하고 흐르는 물을

베개로 삼는다.

❋ 隨수 處처 作작 主주

뜻 가는 곳마다 주인이 되어라.

서 있는 그곳이 모두 진리의

자리다.

※ 壽수 則즉 多다 辱욕

(뜻) 오래 살면 욕되는 일이 많다는

말.

※ 宿숙 虎호 衝충 費비

(뜻) 잠자는 범의 코를 찌른다는

뜻. 불리함을 자초한다는 말.

※ 脣순 齒치 之지 勢세

뜻 입술과 치아처럼 서로 의지

하고 돕는 형세.

✽ 是시 是시 非비 非비

뜻 옳고 그름을 가리어 밝힘.

✽ 食식 前전 方방 丈장

뜻 사방 열 자의 상에 잘 차린

음식이란 뜻으로, 호화롭게 많이

차린 음식.

❋ 始시 終종 一일 貫관

뜻 처음부터 끝까지 한결같이

관철함.

❋ 身신 體체 髮발 膚부

뜻 몸과 머리털과 피부, 몸 전체.

❋ 實실 利리 追추 求구

뜻 현실적인 이익을 추구함.

❈ 深심 思사 熟숙 考고

뜻 깊이 생각하고 곰곰이 생각함.

❈ 十십 中중 八팔 九구

뜻 열 가운데 여덟이나 아홉 정도

로 대부분이거나 거의 틀림없음.

❈ 十십 伐벌 之지 木목

뜻 열 번 찍어 아니 넘어가는

나무가 없음.

✿ 神신 出출 鬼귀 沒몰

뜻 귀신처럼 나타났다 사라지다.

행동이 신속하고 변화가 심하여

예측할 수 없는 것을 비유하는 말.

✿ 眼안 高고 手수 卑비

뜻 눈은 높지만 손재주가 없음.

이상만 높고 실천이 따르지 않음.

✿ 語어 不불 成성 說설

뜻 말이 전혀 이치에 맞지 않음.

※ 如여 反반 掌장

뜻 손바닥을 뒤집듯이 매우 쉬운 일.

※ 漁어 父부 之지 利리

뜻 둘이 다투어 제삼자가 이익을

본다. 도요새와 무명조개가

다투는 틈을 타서 어부가 둘 다

잡았다는 고사에서 유래함.

❈ 易역 地지 思사 之지

뜻 처지를 바꾸어 생각함.

❈ 魚어 頭두 肉육 尾미

뜻 물고기는 머리 쪽이, 짐승은

꼬리 쪽이 맛이 있다는 뜻.

❈ 蓮연 理리 比비 翼익

뜻 부부 사이가 매우 좋음.

❀ 緣연 木목 求구 魚어

뜻 나무에 올라가 물고기를 구하다

불가능한 일을 하려고 하는 것.

❀ 吮연 疽저 之지 仁인

뜻 등창을 빨아 주는 인(仁).

장군이 부하를 지극히 사랑함을

이르는 말. 중국 전국 시대의

오기라는 장수가 자기 부하의

종기를 입으로 빨아서 낫게

하였다는 데서 유래한다.

❇ **煙**연 **霞**하 **痼**고 **疾**질

🔵뜻 자연의 아름다운 경치를 몹시

사랑하고 즐기는 성벽(性癖).

❇ **曳**예 **尾**미 **途**도 **中**중

🔵뜻 꼬리를 진흙 속에 묻고 끌다.

부귀영화를 누리며 속박을

당하는 것보다는 가난하더라도

자기 뜻대로 자유롭게 사는 것이

좋다는 뜻.

※ 異이 口구 同동 聲성

(뜻) 입은 다르나 목소리는 같다.

여러 사람의 말이 한결같음.

※ 以이 心심 傳전 心심

(뜻) 마음으로써 마음을 전하다.

李이 下하 不부 整정 冠관

뜻 자두나무 밑에서 갓을 고쳐

쓰지 말라. 남에게 의심을 살

만한 일은 피하는 것이 좋음.

✳ 養양 虎호 遺유 患환

뜻 호랑이를 길러 근심을 남기다.

남의 사정을 봐주었다가 나중에

도리어 화를 입게 된다는 뜻.

✽ 良양 禽금 擇택 木목

뜻 좋은 새는 나무를 가려서

둥지를 튼다. 현명한 사람은

자기의 능력을 키워줄 사람을

골라서 섬긴다.

✽ 者자 無무 敵적

뜻 어진 사람은 모든 사람을 사랑

하므로 천하에 적대(敵對)하는

사람이 없음.

❀ 羊양 頭두 狗구 肉육

🔵뜻 양 머리를 걸어놓고 개고기를

판다. 겉은 훌륭 하나 속은

변변치 못함. 혹은 그럴듯하게

물건을 속여 파는 것을 뜻함.

❀ 愛애 家가 愛애 天천

🔵뜻 가족을 사랑하고 하늘을 사랑함.

❋ 愛애 及급 玉옥 烏오

뜻 사람을 사랑하면 그 집 지붕

위에 앉은 까마귀까지도

사랑스럽다.

❋ 愛애 之지 重중 之지

뜻 매우 사랑하고 소중히 여김.

❋ 愛애 別별 離리 苦고

뜻 사랑하는 사람과 이별하는

137

괴로움.

❀ 愛애 人인 如여 己기

뜻 남을 자기 몸처럼 사랑함.

❀ 愛애 親친 敬경 長장

뜻 부모를 사랑하고 어른을 잘 모심.

❀ 言언 行행 一일 致치

뜻 말과 그에 따른 행동이 같음.

※ 嚴엄 父부 慈자 母모

뜻 엄한 아버지와 자애로운

어머니.

※ 暗암 中중 摸모 索색

뜻 어둠 속에서 물건을 더듬어

찾음. 확실한 방법을 모르는 채

일의 실마리를 찾아내려 함.

※ 人인 生상 無무 常상

🔘뜻 인생이 덧없음을 이르는 말.

❋ 忍인 中중 有유 和화

🔘뜻 참는 가운데 화평함이 있다.

❋ 忍인 耐내 勤근 儉검

🔘뜻 어려운 일도 참고 견디고, 모든

일에 부지런하고 검소하게 하라.

❋ 因인 果과 應응 報보

🔘뜻 좋은 인연에는 좋은 과보가

오고, 악한 인연에는 악한

과보가 온다는 불교 용어.

✻ **人인 溺익 己기 溺익**

㉦ 남이 물에 빠지면 자기로 인해

빠진 것처럼 생각한다. 다른

사람의 고통을 자기의 고통으로

여겨 그들의 고통을 덜어주기

위해 최선을 다함.

❋ 有유 志지 京경 成성

🔘뜻 의지만 있다면 마침내 이룬다.

뜻이 있는 사람은 반드시 성공한다.

❋ 類유 類유 相상 從종

🔘뜻 사물은 종류대로 모인다. 같거

나 비슷한 부류끼리 어울리는 것.

❋ 唯유 一일 無무 二이

🔘뜻 오직 하나만 있고 둘은 없음.

※ 有유 備비 無무 患환

뜻 준비가 있으면 근심할 것이

없다. 무슨 일이든지 미리 대비

해두면 걱정할 일이 없다는 뜻.

※ 流유 言언 蜚비 語어

뜻 아무 근거 없이 널리 퍼진 소문.

※ 眼안 下하 無무 人인

뜻 눈 아래 사람이 없다. 교만하여

남을 업신여긴다는 뜻.

✤ **安안 分분 知지 足족**

🈁 편한 마음으로 자기 분수를

지키며 만족하는 삶.

✤ **安안 不불 忘망 危위**

🈁 편안한 때에도 위태로움을 잊지

아니한다는 뜻. 항상 마음을 놓지

않고 스스로를 경계함을 말함.

※ 臥와 薪신 嘗상 膽담

뜻 거북한 섶에 누워 자고 쓸개를

맛본다는 뜻으로, 원수를 갚으려

하거나 실패한 일을 다시 이루고자

굳은 결심을 하고 어려움을 참고

견디는 것.

※ 眼안 中중 之지 人인

뜻 눈 속에 있는 사람. 정(情)든

145

사람을 뜻함. 눈앞에 있는 사람을

말하기도 하고, 눈앞에 없어도

평생 사귄 사람을 일컫기도 한다.

※ 愛애 及급 屋옥 烏오

뜻 어떤 사람에 대한 사랑이 그 집

지붕 위에 있는 까마귀에게까지

미친다는 뜻으로, 특정한 사람을

지나치게 사랑하는 것을 유적

으로 말함.

❀ 一일 念념 通통 天천

㉑ 온 마음을 기울이면 하늘을

감동시킬 수 있다.

❀ 一일 別별 三삼 春춘

㉑ 작별한 지 3년이나 되었다.

보고 싶은 그리운 정을 이르는 말.

❀ 一일 日일 三삼 秋추

뜻 하루가 삼 년이다. 짧은

시간이 삼 년같이 느껴질 정도로

기다리는 마음이 간절함.

※ 一일 場장 春춘 夢몽

뜻 인생의 영화(榮華)는 한바탕의

봄, 꿈과 같이 헛됨을 뜻함.

※ 一일 陽양 來내 復복

뜻 음이 끝나고 양이 돌아온다.

음력 11월 또는 둥지를 이르는 말.

❋ 一일 瀉사 千천 里리

(뜻) 조금도 거침없이 빨리 진행됨.

❋ 一일 心심 同동 體체

(뜻) 여러 사람이 굳게 뭉쳐

한마음, 한 몸 같음.

❋ 一일 字자 千천 金금

(뜻) 몹시 훌륭한 글씨나 문장.

✽ 一일 波파 萬만 波파

뜻 조그마한 한 사건이 큰 파장을

불러일으킨다.

✽ 溫온 故고 知지 新신

뜻 옛것을 익히고 새것을 알다.

✽ 吳오 越월 同동 舟주

뜻 오(吳)나라 사람과 월(越)나라

나라 사람이 같은 배에 타다.

서로 원수지간이라도 공동의

목적을 달성하기 위해서는 서로

협력한다.

※ 梧오 桐동 斷단 角각

뜻 무른 오동나무가 견고한 뿔을

자름. 때로는 부드러운 것이

강한 것을 이김.

※ 寤오 寐매 不불 忘망

뜻 자나 깨나 잊지 못하다.

 遠원 禍화 召소 福복

뜻 재앙을 물리쳐 멀리하고 복을

부름.

※ 烏오 飛비 梨이 落락

뜻 우연의 일치로 남의 의심을

받았을 때 하는 말

(=까마귀 날자 배 떨어진다).

❋ 烏오 合합 之지 卒졸

뜻 까마귀를 모아놓은 것 같은

병사. 까마귀 떼처럼 조직도 안

되고 훈련도 없이 모인 무리.

어중이 떠중이를 비유하는 말.

❋ 愚우 公공 移이 山산

뜻 우공(愚公)이 산을 옮기다.

어떠한 어려움도 굳센 의지로

밀고 나가면 극복할 수 있으며

마음만 먹으면 못 할 일이 없다.

❀ 牛우 耳이 讀독 經경

🈁 둔한 사람, 고집이 센 사람에게

아무리 좋은 말을 해주거나

계를 해도 알아듣지 못함.

❀ 恩은 山산 德덕 海해

🈁 산과 바다처럼 높고 넓은 은덕.

❋ 運운 數수 大대 通통

뜻 인간의 능력을 초월하는 천운

과 기수가 크게 트여 이루어짐.

❋ 外외 柔유 內내 剛강

뜻 겉으로는 부드럽고 순하나

속은 곧고 꿋꿋함.

❋ 蝸와 角각 之지 爭쟁

뜻 달팽이 뿔에서 다툼. 세상

일이란 달팽이 뿔 위에서 싸우는

것 같이 사소한 다툼에 불과하다.

※ 日왈 可가 日왈 否부

🔴뜻 옳으니 그르니 말한다. 서로

이것이 옳다, 저것이 옳다 하며

다툼.

※ 欲욕 巧교 反반 拙졸

🔴뜻 너무 잘하려고 하면 도리어

잘되지 않음.

※ 自자 繩승 自자 縛박

(뜻) 제 새끼줄로 제 목 매기. 자기

행동으로 자기가 괴로움을 받는다.

※ 自자 暴포 自자 棄기

(뜻) 스스로를 해치고 스스로를

버린다. 절망에 빠져서 스스로를

포기함.

✽ 自자 畵화 自자 讚찬

뜻 자기가 그린 그림을 자기

스스로 칭찬함. 자기가 한 일을

스스로 자랑함.

✽ 自자 家가 撞당 着착

뜻 언행의 앞뒤가 맞지 않음.

✽ 張장 三삼 李이 四사

뜻 이름이나 신분이 특별하지

않은 평범한 사람.

※ 作작 心심 三삼 日일

(뜻) 한번 결심한 것이 사흘을 못

넘김.

※ 知지 足족 常상 樂락

(뜻) 만족할 줄 알면 항상 즐겁다.

※ 知지 足족 者자 富부

(뜻) 분수를 지켜 만족할 줄 아는

159

사람은 넉넉함.

※ 至지 誠성 感감 天천

뜻 지극한 정성에 하늘이 감동함.

※ 知지 己기 之지 友우

뜻 자기의 가치나 속마음을

알아주는 벗(친구).

※ 指지 呼호 之지 間간

뜻 손짓하여 부를 만큼 가까운

거리.

※ 知지 彼피 知지 己기

뜻 적의 형편, 나의 형편을

자세히 앎.

※ 眞진 光광 不불 輝휘

뜻 참된 빛은 번쩍이지 않는다.

※ 進진 退퇴 兩양 難난

뜻 나아가지도 물러서지도

못하는 난처한 입장에 처함.

※ 正정 心심 誠성 意의

뜻 마음을 바르게 하고 뜻을

정성스럽게 함.

※ 淨정 心심 大대 道도

뜻 바른 마음으로 큰길을 가라.

※ 正정 近근 邪사 遠원

뜻 상식에 맞게 사는 것이 좋다.

❀ 前전 途도 洋양 洋양

뜻 앞날이 희망차고 전망이 밝다.

❀ 切절 齒치 腐부 心심

뜻 몹시 분하여 이를 갈며 속을 썩임.

❀ 尊존 師사 愛애 生생

뜻 스승을 존경하고 학생을 사랑함.

❋ 朝조 變변 夕석 改개

뜻 아침저녁으로 뜯어고친다.

계획이나 결정 따위를 일관성

없이 자주 바꿈.

❋ 朝조 三삼 暮모 四사

뜻 자기의 이익을 위해 교활한

꾀를 써서 남을 속이고 놀리는

것을 이르는 말.

송나라의 저공이 키우는

원숭이들에게 먹이를 아침에는

세 개, 저녁에는 네 개를 주겠다

고 하자 원숭이들이 화를 내므로,

아침에는 네 개 저녁에는 세 개를

주겠다고 바꾸어 말하니

기뻐하였다.

※ 長장 樂락 萬만 年년

뜻 즐거움이 오래도록 끝이 없다.

※ 掌장 中중 寶보 玉옥

뜻 손안에 든 귀하고 보배로운 옥.

※ 井정 底저 之지 蛙와

뜻 우물 안의 개구리. 식견이

좁거나 편견에 사로잡혀 세상이

넓은 줄을 모르는 사람을 비유

하는 말.

166

❋ 接접 人인 春춘 風풍

뜻 사람을 대할 때는 봄바람처럼

관대하고 부드럽게 하라.

❋ 點점 滴적 穿천 石석

뜻 처마의 빗방울이 돌을 뚫는다.

작은 힘이라도 그것이 거듭되면

예상하지 못했던 큰일을 해낼 수

있음.

※ 全전 心심 全전 力력

뜻 온 마음과 온 힘.

※ 前전 途도 有유 望망

뜻 앞으로 발전하고 성공할

가능성과 희망이 있음.

※ 戰전 戰전 兢긍 兢긍

뜻 몸을 움츠리고 벌벌 떠는 모양.

겁을 먹고 벌벌 떨거나 쩔쩔맨다.

위기를 맞이하여 절박해진 심정.

※ 前전 無무 後후 無무

(뜻) 전에도 없었고 앞으로도 있을

수 없음.

※ 坐좌 井정 觀관 天천

(뜻) 우물 안에서 하늘을 본다는 뜻.

견문이 아주 좁음을 이르는 말.

※ 坐좌 不불 安안 席석

앉아도 자리가 편하지 않다.

마음이 불안하거나 걱정스러워

자리에 가만히 앉아 있지 못하고

안절부절못하는 모양을 이르는 말.

 대말을 타고 놀던 벗이라는

뜻으로, 어렸을 때부터 오랫동안

같이 놀며 자란 벗을 이른다.

❀ 知지 行행 合합 一일

뜻 알고 행하지 않는 것은 진정

으로 아는 것이 아니다.

❀ 進진 退퇴 維유 谷곡

뜻 앞으로 나갈 수도 없고 물러설

수도 없이 궁지에 몰려 있음.

❀ 滄창 海해 一일 粟속

뜻 아주 많거나 넓은 것 가운데

171

있는 매우 하찮고 작은 것.

❀ **天**천 **下**하 **皆**개 **春**춘

(뜻) 온 천하에 봄기운이 가득함.

❀ **天**천 **倫**륜 **之**지 **樂**락

(뜻) 부모, 형제 등 혈족 간에 잘

지내며 즐거움.

❀ **天**천 **生**생 **緣**연 **分**분

(뜻) 하늘에서 짝지어준 인연.

✳ 天천 人인 共공 怒노

🔘뜻 하늘과 사람이 함께 노한다.

누구나 분노를 참을 수 없을 만큼

증오스럽거나 도저히 용납될 수

없음.

✳ 天천 高고 馬마 肥비

🔘뜻 하늘은 높고 말은 살찐다. 맑고

풍요로운 가을 날씨를 비유.

✽ 天천 長장 地지 久구

뜻 하늘과 땅은 영원함을 이르는

말. 하늘과 땅처럼 오래 가고

변함이 없음.

✽ 天천 方방 地지 軸축

뜻 하늘 한구석으로 갔다가 땅속

으로 갔다 하면서 갈팡질팡한다.

당황해서 허둥지둥 날뛰는

모양을 가리킴.

❀ **千**천 **載**재 **一**일 **遇**우

🔵뜻 좀처럼 만나기 어려운 기회.

❀ **靑**청 **天**천 **白**백 **日**일

🔵뜻 맑게 갠 대낮 또는 원죄가 판명

되어 무죄가 되는 일을 이르는 말.

❀ **靑**청 **出**출 **於**어 **藍**람

🔵뜻 제자나 후배가 스승이나

선배보다 더 뛰어남.

※ 醉취 生생 夢몽 死사

(뜻) 술에 취하여 자는 동안에 꾸는

꿈속에 살고 죽는다. 아무 하는

일 없이 한평생을 흐리멍텅하게

살아감.

※ 春춘 生생 秋추 殺살

(뜻) 봄에는 낳고 가을에는 죽는다.

때에 따라 사랑하기도 하고

벌하기도 함.

❋ 初초 志지 一일 貫관

🔘 처음에 세운 뜻을 끝까지

밀고 나감.

❋ 草초 綠록 同동 色색

🔘 풀잎과 녹색은 같은 빛깔이다.

같은 처지에 있는 사람들끼리

같이 어울리기 마련이라는 뜻.

❀ 出출 告고 反반 面면

🔵뜻 부모님께 나갈 때는 갈 곳을

아뢰고 들어와서는 얼굴을

보여드림.

❀ 針침 小소 棒봉 大대

🔵뜻 바늘을 몽둥이라고 과장해서

말함. 작은 일을 크게 부풀려

떠벌림.

※ 沈침 魚어 落낙 雁안

(뜻) 물고기가 잠기고 기러기는

떨어진다. 미인을 비유적으로

형용하는 말.

※ 惻측 隱은 之지 心심

(뜻) 인간의 본성(本性)에서 우러

나오는 마음씨로, 다른 사람의

불행을 불쌍히 여기는 마음.

❀ 七칠 縱종 七칠 擒금

㉜ 일곱 번 놓아주고 일곱 번

사로잡음.

❀ 探탐 花화 蜂봉 蝶접

㉜ 꽃을 찾아다니는 벌과 나비.

사랑하는 여자를 그리워하여

찾아가는 남자.

❀ 泰태 然연 自자 若약

뜻 마음에 충동을 받아도 동요

하지 않고 천연(天然)스러운 것.

❀ 太태 平평 聖성 代대

뜻 나라에 혼란이 없고 백성들이

편안히 지냄.

❀ 破파 廉렴 恥치 漢한

뜻 체면이나 부끄러움을 모르는

뻔뻔한 사람.

※ 飽포 德덕 醉취 義의

(뜻) 덕에 배부르고 의리에 취한다.

※ 風풍 樹수 之지 嘆탄

(뜻) 효도를 다 하지 못했는데 어버

이가 돌아가시어 효도하고 싶어

도 할 수 없는 슬픔을 이르는 말.

※ 風풍 月월 主주 人인

뜻 맑은 바람과 밝은 달 등의

자연을 즐기는 사람.

❋ 豊풍 亨형 豫예 大대

뜻 세상이 태평성대라서 백성이

행복을 누림.

❋ 表표 裏리 不부 同동

뜻 마음이 음흉하여 겉과 속이

다름.

✽ 風풍 前전 燈등 火화

뜻 바람 앞의 등불. 매우 위태로

운 처지라서 오래 견디지 못함.

✽ 抱포 腹복 絶절 倒도

뜻 배를 부둥켜안고 넘어질

정도로 웃음.

✽ 花화 樣양 年연 華화

뜻 인생에서 가장 아름다웠던

시절.

❀ 螢형 雪설 之지 功공

(뜻) 반딧불(개똥벌레)과 하얀 눈

으로 이룬 공. 반딧불의 불빛과

하얀 눈빛으로 글을 읽어가며

이룩한 공. 어려운 생활 속에서도

갖은 고생을 하며 부지런히

학문(學問)함.

❀ 昏혼 定정 晨신 省성

뜻 저녁에는 잠자리를 보아드리고

아침에는 문안을 드린다. 자식이

아침저녁으로 부모를 보살피는 것.

❀ 花화 容용 月월 態태

뜻 꽃다운 얼굴과 달 같은 자태.

아름다운 여인의 얼굴과 맵시.

❀ 河하 海해 之지 恩은

186

뜻 강이나 바다와 같이 넓고 큰 은혜.

※ 和화 氣기 致치 祥상

뜻 온화하고 부드러운 기운이

집안에 가득함.

※ 惠혜 愛애 爲위 心심

뜻 은혜와 사랑을 근본적인

마음으로 함.

※ 浩호 然연 之지 氣기

 뜻 천지간에 가득 차 있는 넓고

큰 기운.

❋ 虛허 心심 實실 腹복

뜻 마음의 욕심과 욕망이 가득 차

면 머리가 무거워지니 그럴 바엔

차라리 배를 채우는 게 낫다는 뜻.

❋ 偕해 老로 同동 穴혈

뜻 살아서는 같이 늙고, 죽어서는

한 무덤에 묻힌다. 생사를 같이

하는 부부간 사랑의 맹세를 비유

하는 말.

❀ **畵화 龍룡 點점 睛정**

🔴뜻 용을 그리고 눈동자를 찍는다.

사물의 가장 중요한 부분을

완성하거나, 끝손질함.

❀ **狐호 假가 虎호 威위**

여우가 호랑이의 위세를

빌리다. 남의 권세를 빌려 허세를

부리는 것을 이르는 말.

❀ 虛허 張장 聲성 勢세

뜻 실력이나 실속은 없으면서

허세만 부림.

❀ 學학 如여 逆역 水수

뜻 앞으로 나아가지 않으면

퇴보함. 배움이란 마치 물을

거슬러 배의 노를 젓는 것과 같다.

❀ 回화 天천 再재 造조

🔵뜻 쇠퇴하고 어지러운 상태에서

벗어나 새롭게 나라를 건설한다.

❀ 鶴학 首수 苦고 待대

🔵뜻 몹시 기다림을 이르는 말.

❀ 換환 骨골 奪탈 胎태

뜻 낡은 제도나 관습 따위를 고쳐

모습이나 상태가 새롭게 바뀐 것.

❋ 好호 事사 多다 魔마

뜻 좋은 일에는 방해가 되는 일이

많음.

❋ 虎호 視시 耽탐 耽탐

뜻 남의 것을 빼앗기 위하여 형세

를 살피며 가만히 기회를 엿봄.

❀ 緘함 口구 無무 言언

뜻 입을 다물고 말이 없음.

❀ 解해 衣의 推추 食식

뜻 옷을 벗어주고 밥을 나누어

주다. 남에게 각별히 친절하게

대하는 것.

❀ 花화 朝조 月월 夕석

뜻 꽃 피는 아침과 달이 뜨는

저녁. 경치(景致)가 썩 좋은 때를

일컬음.

❀ 華화 不불 再재 揚양

ⓘ 한번 떨어진 꽃은 다시 붙일

수 없듯이 흘러간 세월은 다시

돌아오지 않는다.

❀ 昊호 天천 罔망 極극

ⓘ 하늘에 끝이 없다는 뜻. 어버이

은혜가 넓고 커서 다함이 없음.

※ 後후 悔회 莫막 及급

뜻 이미 잘못된 것을 뒤늦게

뉘우쳐도 다시 어찌할 수가 없음.

※ 興흥 振진 悲비 來래

뜻 즐거운 일이 다하면 슬픈 일이

온다는 뜻. 세상일은 좋고 나쁜

일이 돌고 돈다는 것을 이르는 말.

❈ 會회 者자 定정 離리

뜻 만나면 언젠가는 헤어지게 됨.

❈ 糊호 口구 之지 策책

뜻 겨우 먹고 살아가는 방책.

❈ 孑혈 孑혈 單단 身신

뜻 의지할 곳 없는 홀몸.

❈ 歡환 呼호 雀작 躍약

뜻	기뻐서 소리치며 날뜀.

※	惶황 恐공 無무 地지

뜻	황공하여 몸을 둘 곳을 모름.

※	荒황 唐당 無무 稽계

뜻	허황(虛荒)되고 근거가 없다.

언행이 터무니없고 믿을 수 없음.

※	膾회 炙자 人인 口구

뜻	잘게 썬 날고기와 구운 고기는

사람들의 입에 오르내린다. 회와

고기를 사람들이 좋아하여 항상

입에 오르내리듯이, 널리 사람들

에게 이야기되고 칭찬이 자자한

것을 비유.

 ❊ 喜희 怒로 哀애 樂락

 뜻 기쁨과 노여움과 슬픔과

즐거움, 사람의 온갖 감정(感情).

❀ 後후 生생 可가 畏외

뜻 아래 세대 후배(後背)는 두려워

할 만하다. 젊은 후배가 학문을

닦고 덕을 쌓으면 크게 진보하여

선배를 능가하는 경지에 이르게

된다.

❀ 弘홍 益익 人인 間간

뜻 널리 인간세계를 이롭게 한다.

국조(國朝) 단군(檀君)의 건국이념

이며, 우리나라 교육의 지표이다.

❀ 和화 風풍 暖난 陽양

🔘뜻 솔솔 부는 화창한 바람과 따스

한 햇볕이란 뜻. 따뜻한 봄 날씨.

❀ 喜희 色색 滿만 面면

🔘뜻 기쁜 빛이 얼굴에 가득하다.

메모

메모